Ln 27 10688.

AF226698

NOTICE BIOGRAPHIQUE

SUR

M. LE VICOMTE DE LA BOULAYE.

NOTICE BIOGRAPHIQUE

SUR M. LE VICOMTE

DE LA BOULAYE

ANCIEN DÉPUTÉ DE L'AIN,

PAR

Jules Baux,

ARCHIVISTE DU DÉPARTEMENT DE L'AIN.

Paulùm sepultæ distat inertiæ
Celata virtùs. Non ego te meis
Chartis inornatum silebo.

HORAT., lib. IV, odé VIII.

BOURG,

IMPRIMERIE DE MILLIET-BOTTIER.

1857.

Notice Biographique.

NOTICE BIOGRAPHIQUE

SUR

M. LE VICOMTE DE LA BOULAYE.

Le 20 février 1856 s'éteignait à Bourg, à l'âge de soixante-quatorze ans, M. le vicomte de la Boulaye, auteur des Fables et autres Poésies que contient ce volume.

Par un privilége, qui est celui des hommes d'élite, l'oubli ne s'est pas appesanti sur sa tombe, sa mémoire n'a pas cessé d'occuper la place qu'il s'était faite, de son vivant, dans l'affection de ses amis et dans les sympathies de tous.

Les fortunes diverses qui avaient agité sa vie, la vieillesse qui avait blanchi sa tête, n'avaient rien retranché à la sérénité de son caractère, aux grâces de son esprit, à la bonté de son cœur constamment ouvert aux sentiments généreux.

Plus qu'à un autre, peut-être, il m'a été donné de connaître les qualités éminentes que possédait M. de la Boulaye. Honoré de son amitié pendant de longues années, j'ai pu, dans des conversations intimes et journalières, recueillir de sa bouche la plupart des faits qui ont marqué sa noble carrière.

Les retracer est un besoin de mon cœur, c'est aussi l'accomplissement d'un devoir.

Il est toujours utile de garder le souvenir des hommes qui, dans la bonne comme dans la mauvaise fortune, se sont montrés invariablement fidèles aux lois de la conscience et de l'honneur, et qui, modèles de toutes les vertus, ont possédé le secret de les rendre aimables et séduisantes. C'est du reste le dernier hommage qu'il m'est possible de rendre à un ami vénéré.

Puisse cet hommage être digne de celui qui l'inspire!

———

Jean-Baptiste-Antoine-Georgette Dubuisson de la Boulaye, né à Versailles le 11 novembre 1781, était le neuvième enfant de M. de la Boulaye, gouverneur des pages de la chambre de Louis XVI, et de Mlle Marguerite du Tillet, arrière-petite-fille de l'un de nos plus célèbres historiens, de ce Jean du Tillet, greffier en chef du Parlement, l'homme le plus versé dans nos antiquités nationales, qui le premier en France écrivit l'histoire d'après les titres et documents originaux.

On donna pour parrain au nouveau-né, l'abbé de Beauvais, évêque de Sénez, [1] prédicateur du roi, parent

---

[1] La circonstance qui valut à l'abbé de Beauvais sa nomination à l'évêché de Sénez était l'une des anecdotes sur lesquelles M. de la Boulaye se plaisait à revenir.

L'abbé de Beauvais prêchait à la cour le Carême qui précéda la mort de Louis XV. Animé d'une foi ardente, d'un zèle vraiment apostolique, le prédicateur avait résolu d'attaquer la corruption dans sa forteresse la plus inabordable, devant cette cour dépravée et licencieuse, et devant ce roi qui, à pleines mains, semait le scandale sur la France. Un jour, c'était le jeudi-saint de l'année 1773, l'abbé de Beauvais vint lire à M. de la Boulaye le sermon qu'il devait prononcer le soir même et dont le texte était: *Adhuc quadraginta dies... Encore quarante jours et Ninive sera détruite.* Dans le développement de ce texte redoutable, l'orateur ne s'était imposé aucune réserve, aucun de ces ménagements qu'il est d'usage d'employer devant les grands de ce monde. M. de la Boulaye, alarmé des conséquences que pourrait avoir une témérité aussi insolite, s'empressa de faire à son parent les représentations les plus sérieuses, mais l'abbé n'en tint compte. L'heure du sermon venue, M. de la Boulaye alla se placer sous la chaire pour observer l'effet qu'allait produire un discours qu'il appelait une diatribe et qui, dans son opinion, ne devait avoir d'autre résultat que de faire enfermer dans un séminaire le malencontreux prédicateur. Que devint-il, lorsque l'orateur, après et ami intime de son père. A ce dernier, l'abbé de Beauvais avait coutume de lire, avant de les prononcer devant son royal auditoire, les sermons qui de son temps lui valurent le titre de *dernier orateur de la*

avoir exposé son texte, quitta brusquement le discours qu'il avait préparé et improvisa la plus virulente, la plus implacable des mercuriales, où donnant pleine carrière à son indignation, il reprocha à cette cour dissolue et au roi lui-même les iniquités monstrueuses, les exemples pernicieux, qui appelaient sur la nation française le mépris des hommes et les vengeances du Ciel. Cependant le roi s'agitait sur son siége, l'auditoire était consterné et la foudre toujours plus accablante continuait à tomber de la chaire sur ces têtes coupables.

Le sermon achevé, nul n'osait s'approcher de Louis XV dont l'émotion n'était que trop visible. Seul, le maréchal de Richelieu, ce patriarche des libertins et des courtisans, qu'une longue faveur auprès du maître rendait plus hardi, se prit à dire : *Après une pareille audace il n'y a qu'un évêché ou la Bastille!* Louis XV possédait un fonds de droiture et d'équité qu'il tenait de sa race et que la dépravation de ses mœurs n'avait pu détruire entièrement. — *Le prédicateur a fait son devoir*, répliqua-t-il, *le roi fera le sien, un évêché.* L'abbé de Beauvais devint évêque de Sénez. Quarante jours après le roi, accomplissant à la lettre le texte prophétique du sermon du jeudi-saint, mourait laissant la société en décomposition, la religion avilie, la monarchie sans force et sans prestige. Le peuple, qui autrefois l'avait surnommé *le Bien-Aimé*, voyait, silencieux et indifférent, sa dépouille infecte transportée précipitamment à Saint-Denis où Mgr de Sénez prononça l'oraison funèbre qui contient cette phrase mémorable, devenue depuis un axiôme politique : « *Le peuple quand il souffre n'a pas sans doute le droit de murmurer, mais il a du moins celui de se taire et son silence est la leçon des rois!* »

chaire chrétienne; éloge abusif, qui laissait l'avenir sans espérance et dont les Fraissinous, les Mac-Carthy, les Ravignan, les Lacordaire, les pères Félix, Ventura, ont si victorieusement démontré l'exagération.

A l'âge de cinq ans, M. de la Boulaye perdit son père. Des neuf enfants que lui avait donnés Mlle du Tillet, six l'avaient précédé dans la tombe. Il ne laissait à sa veuve qu'un fils et deux filles. M. de Sénez se chargea de l'éducation de son filleul et obtint son admission dans la maison de Gentilly, sorte d'annexe ou d'école préparatoire du grand collége de Sainte-Barbe. Mme de la Boulaye retarda d'un mois l'entrée de son fils dans ce pensionnat, voulant qu'il fût témoin de l'ouverture des Etats-Généraux, événement qui allait changer la face de la France et de l'Europe. Cette femme, d'un sens supérieur, ne se laissait pas éblouir par les promesses des réformateurs. « J'ai voulu, dit-elle à son fils, que vous fussiez témoin de cette cérémonie qui, si je ne me trompe, marquera une ère importante dans nos annales. Puisse le jour où elle s'accomplira n'être pas fatal à la France! » Les impressions que ressentit alors ce petit garçon de sept ans et demi, de la procession des Etats-Généraux qui défila sous ses yeux et des réflexions de sa mère, s'étaient conservées avec toute leur vivacité dans la mémoire du septuagénaire. Entré à Gentilly en 1789, le jeune écolier en sortit vers le milieu de l'année 1792. Ces trois années de pension furent les seules où ses études suivirent une marche régulière. Le malheur des temps et la position devenue précaire de sa famille, ne lui permirent plus de poursuivre son instruction que par intervalle et presque toujours sans maîtres.

Un événement, qui avait laissé une empreinte plus profonde dans sa mémoire, fut sa première communion, faite sous la direction de sa vertueuse mère au commencement de 1794. Ce n'était pas une petite affaire alors que l'accomplissement d'un acte de cette nature. Peine de mort contre tout prêtre surpris à dire la messe; peine de mort également contre les assistants, pris aujourd'hui, exécutés demain, formalités qui ne demandaient que vingt-quatre heures. Ainsi le voulait la liberté. Un vieux prêtre, caché à Versailles, avait préparé l'enfant, un vieux récollet, qui continuait l'exercice de son ministère en dépit des lois révolutionnaires, lui administra le sacrement de l'Eucharistie. On comprendra avec quels sentiments de foi et de piété l'enfant reçut ce sacrement auguste. Il n'y avait pas place pour les dissipations de l'enfance, alors que de l'autel à l'échafaud l'intervalle était si court ; que chaque jour les têtes tombaient sous la hache, comme les feuilles dont le vent d'automne jonche le sol de la forêt, et que, courbés sous un joug de fer, toujours inquiets du présent et tremblants pour l'avenir, ceux qui vivaient en ces temps néfastes ressemblaient à ces pauvres oiseaux placés sous la machine pneumatique, toujours flottants entre la vie et la mort. Sur une terre chaque jour arrosée de sang, et au soleil ardent de la révolution, une tête d'enfant ne tardait pas à mûrir.

Au commencement de l'année 1795, il fut question d'une levée d'enfants de treize à quinze ans, destinés à recruter la marine de la république. Mme de la Boulaye, pour soustraire son fils à cette réquisition, le fit inscrire au nombre des ouvriers de la manufacture d'armes de Versailles. Chaque jour, vêtu d'une veste et d'un pantalon de coutil bleu, l'enfant se rendait dans les ateliers du Grand-Commun. L'exiguité de sa taille, la délicatesse de sa santé, le rendant impropre aux travaux manuels, on se contenta de lui faire suivre les cours de dessin et de mathématiques. Il y montra une telle aptitude qu'en moins de trois ans il se rendit capable de subir d'une manière satisfaisante l'examen exigé pour entrer à l'Ecole polytechnique, dont la fondation était toute récente. Mais la gêne croissante de Mme de la Boulaye ne lui permettant pas de subvenir aux frais d'entretien de son fils, elle obtint, par l'intervention d'un ancien ami de sa famille, son admission dans l'administration de la marine. En 1794, à l'âge de seize ans et demi, le jeune de la Boulaye se sépara pour la première fois de sa mère. Envoyé successivement à Anvers et à Brest, il put, grâce aux lettres de recommandation qu'il emportait avec lui, se faire accueillir, malgré l'infériorité de son grade, dans la meilleure compagnie. Ces relations de société, auxquelles il avait été accoutumé dès son enfance, avaient fait de lui un modèle du savoir - vivre, un des représentants de l'urbanité française.

Si le commis d'administration eut lieu de se féliciter de l'accueil que lui firent à Brest les principales autorités maritimes, il y trouva, sous le rapport de la dépense, un changement qui lui fit vivement regretter la résidence d'Anvers. Autant dans cette dernière ville il vivait bien et à bon compte, autant à Brest on vivait mal et à grands frais, ce qui importunait fort les employés à petits traitements : notre commis était malheureusement de ce nombre; ses appointements ne s'élevaient qu'à 1,500 francs. Or, à cette époque, M. de Crès, ministre de la marine, imagina de frapper tous les appointements de ses subordonnés d'une retenue d'un quart, ce qui dans la marine lui valut le sobriquet de *Marquis de Carabas* (quart à bas). Cette mesure réduisait les annuités de M. de la Boulaye au mince total de 1,125 francs. Le moyen avec cela de faire face aux dépenses nécessitées par la vie du grand monde? Il s'était promis de ne rien demander à sa mère, réduite elle-même à d'insuffisantes ressources, et il fut constamment fidèle à cette résolution. Malgré la vie de privation qu'il s'était imposée, il fut forcé de contracter quelques dettes : cette situation le jeta dans une profonde mélancolie qui altéra sa santé. Ses chefs s'en aperçurent et jugèrent qu'un changement d'air lui serait favorable; il reçut en conséquence l'ordre de se rendre à Quimper, ce Quimper-Corentin où, selon le bon Lafontaine,

Le Ciel conduit quand il veut qu'on enrage.

Mais l'appréciation du poète ne devait pas se réaliser pour M. de la Boulaye. Il trouva dans cette ville des parents et une société qui lui en rendirent le séjour tellement agréable que Quimper revenait fréquemment dans ses souvenirs et sa conversation.

De Quimper, le jeune commis rappelé à Brest, fut peu de temps après mandé à Paris. Ici se place une aventure qui me force à interrompre l'ordre chronologique de cette narration et à anticiper sur l'avenir. Le lecteur, toutefois, m'excusera d'en user ainsi en faveur de la moralité de l'anecdote, moralité que notre immortel fabuliste a formulée dans les deux vers qui suivent :

> Il faut autant qu'on peut obliger tout le monde ;
> On a souvent besoin d'un plus petit que soi.

Au moment de partir pour Paris, léger d'espèces, mais riche d'espérances, le jeune commis avisait aux moyens de franchir cette distance, lorsqu'il fit chez son directeur la rencontre d'un M. Tyrol, commissaire de la marine, venu en mission à Brest et repartant pour la capitale. Ce commissaire, qui voyageait en poste, offrit à M. de la Boulaye une place dans sa chaise. Il fut convenu que le voyage se ferait à frais communs; mais, lorsqu'arrivé à Paris, M. de la Boulaye parla de régler le compte de la dépense, le digne commissaire, qui avait été pour son compagnon de voyage d'une bonté parfaite, lui répondit, qu'en vertu du proverbe *ubi major, minor cessat*, il ne pouvait rien accepter de lui, qu'il se trouvait du reste amplement dédommagé par le plaisir que sa conversation lui avait procuré pendant la route.

Peu de chose, il faut en convenir, était alors un petit commis de marine auprès d'un commissaire général ; mais avec le temps M. Tyrol, devenu septuagénaire, dut accepter une pension de retraite, fixée à la somme bien insuffisante pour ses besoins, de 1,800 francs, pendant que le petit commis, en moins de douze ans, s'était transformé en secrétaire général de la maison de S. M. Louis XVIII. Or, un jour que le secrétaire général de la maison du roi dépouillait les innombrables pétitions tirées, comme autant de lettres de change sur la cassette du roi, il en vit une signée : *Tyrol, ancien commissaire général de la marine.* Le pétitionnaire, après avoir exposé ses longs et honorables services, la gêne à laquelle il se trouvait réduit, implorait la bonté du roi, rémunérateur de tous les services, consolateur de toutes les misères.

Une heure après, l'ancien commissaire général recevait l'invitation de passer au ministère. Admis aussitôt auprès du secrétaire général, il n'eut garde de reconnaître dans un si haut fonctionnaire le jeune commis que jadis il avait si obligeamment ramené de Brest. Ce dernier, sans se découvrir, lui fit raconter toutes ses petites affaires. Il avait quelques dettes à payer et un petit secours mensuel le rendrait le plus heureux des hommes ; telle était la conclusion du bon vieillard. Il avait à peine achevé de parler, que le secrétaire général lui remettait un bon sur la caisse de secours qui lui permettait de se libérer de ses dettes, plus un autre bon de 5o francs par mois à toucher jusqu'à sa mort.

D'où pouvait venir au digne solliciteur une solution si prompte et si satisfaisante? Il fallut bien le lui dire, et je laisse à penser avec quelle effusion de joie et de reconnaissance le bon M. Tyrol reconnut et remercia son ancien compagnon de voyage.

Revenons à notre commis de marine, qui resta fixé à Paris jusqu'au moment où, après la rupture du traité d'Amiens, Napoléon conçut le gigantesque et patriotique projet d'attaquer la Grande-Bretagne dans la Grande-Bretagne même. Alors le jeune de la Boulaye fut envoyé à Boulogne, devenue le principal des six camps formés le long de l'Océan entre Bordeaux et Ostende, et le lieu de rassemblement des vaisseaux, bricks, chaloupes canonnières et bateaux plats fournis par les villes et les corps de l'Etat.

Au milieu des formidables préparatifs de cette campagne, le jeune de la Boulaye donna à ses chefs la mesure de ses talents et de son activité qui ne tardèrent pas à recevoir leur récompense. Après l'abandon du projet de descente en Angleterre et le désarmement de la flotille de Boulogne, on apprit que la flotte française, commandée par l'amiral Villeneuve, était bloquée dans le port de Cadix par la flotte anglaise, commandée par l'amiral Nelson. Il fallait d'urgence pourvoir à la subsistance de notre flotte, improviser et organiser un service qui n'existait pas ; pour cela faire, il fallait trouver des agents à la hauteur des circonstances. L'administration supérieure désigna pour cette mission difficile le directeur de Boulogne, M. de Limeux, lequel, à son tour, désireux de s'associer un

collaborateur capable, jeta les yeux sur le jeune de la
Boulaye, qui partit avec lui le 16 septembre 1805
pour l'Espagne, en qualité de sous-directeur. Ce voyage
dans le pays des aventures était dans ses vieux jours un
texte inépuisable d'anecdotes instructives et plaisantes.
Arrivés à Madrid, M. de la Boulaye et son directeur
attendirent le vice-amiral de Rosily, envoyé à Cadix
pour prendre le commandement de la flotte en remplacement de l'amiral Villeneuve. Rejoints par l'amiral,
ils prirent de conserve la route de Cadix. Leur itiné-
raire les conduisit à *Puerto-Lapiche*, où ils passèrent
une nuit dans l'auberge même où le chaste amant
de Dulcinée, l'incomparable héros de la Manche, fut
armé chevalier par le châtelain de cette détestable
taverne.

Notre jeune sous-directeur de marine n'aurait pas
été fâché, sans doute, de rencontrer sur sa route
quelque aventure pour illustrer son voyage; une
infante à délivrer des mains de quelque ravisseur, un
enchanteur à combattre, un géant à pourfendre. Mais
point, il ne trouva partout que monotonie et solitude.
Toutefois, à deux journées de Cadix, par un temps
clair et serein, un bruit sourd et lointain, semblable

aux éclats prolongés du tonnerre, ne cessa de se faire
entendre. Le surlendemain, nos voyageurs, arrivés à
la Isla de Léon, lieu devenu plus tard célèbre par la
réunion des Cortès qui imposèrent à la royauté une
constitution inacceptable, furent témoins d'un spectacle
à la fois navrant et grandiose. La route qui conduit de
la Isla de Léon à Cadix, s'étend sur une langue de terre
sablonneuse qui longe la mer et sépare la rade de
l'Océan. Or, sur cette route une mer furieuse vomissait
des débris de navires, des tronçons de mâts, de vergues
brisées, de haubans, pêle mêle avec une innombrable
quantité de cadavres nus et dépouillés, poussés et repris
successivement par les flots. En même temps plusieurs
vaisseaux luttant contre l'orage, s'efforçaient de regagner le port. A fréquents intervalles ils tiraient le
canon d'alarme, dont la lumière et les détonations
se mêlaient à la lueur des éclairs et aux grondements
redoublés du tonnerre; tout annonçait qu'une grande
catastrophe s'était accomplie. Ce ne fut qu'à leur entrée
à Cadix que nos voyageurs apprirent que la veille
avait eu lieu la bataille navale de Trafalgar qui venait
d'anéantir cette belle flotte composée de trente-cinq
vaisseaux de ligne, que Napoléon avait mis dix ans à

équiper. Nous n'avons pas à reproduire ici le récit de ce fatal événement dont l'histoire contemporaine a recueilli minutieusement les détails aujourd'hui connus de tous, moins toutefois la circonstance qui en a été la cause déterminante.

A tort on a écrit que Nelson avait été assez habile pour mettre en défaut la vieille expérience de Villeneuve.

M. de la Boulaye, qui se trouvait sur les lieux le lendemain de la bataille et qui avait reçu les confidences de la plupart des hommes qui furent acteurs dans ce drame funeste, assignait à l'imprudente sortie de Villeneuve du port de Cadix une cause bien différente. Voici quelle était sa version telle que je la lui ai plusieurs fois entendu développer :

Le baron de Crès, ministre de la marine, nature ombrageuse et jalouse, ne redoutait rien tant que de voir son crédit auprès de l'empereur balancé par le mérite ou les succès de quelque officier général de marine. C'était de Crès qui, après la mort de l'amiral de la Touche, avait fait donner à Villeneuve le commandement de la flotte; mais la fâcheuse affaire de la Corogne détermina l'empereur à donner la direction suprême des flottes combinées de France et d'Espagne à M. de

Rosily, alors le plus habile homme de mer, et que pour cette raison même de Crès redoutait et détestait le plus. Ne pouvant empêcher le remplacement de Villeneuve, de Crès lui expédia un courrier porteur d'un billet qui ne contenait que ces mots : « *Sors, ou tu perds ton commandement.* » Docile à l'avis du ministre et désireux de clore sa carrière militaire par une action éclatante, ou d'acquérir un titre à la conservation de son commandement, Villeneuve, pour le malheur de la France et pour le sien, sortit en effet de Cadix le 21 octobre 1805, date funèbre dans nos fastes militaires. Ce fait montre une fois de plus que la plupart des grands événements tiennent à des causes futiles et presque toujours aux calculs d'un mesquin égoïsme. [1]

La mission assignée au directeur de la marine à Cadix

[1] L'opinion de M. de la Boulaye sur la cause réelle de la bataille de Trafalgar, explique en même temps la mort violente de l'amiral Villeneuve. On sait que conduit prisonnier en Angleterre et échangé quelque temps après, Villeneuve rentrant en France fut trouvé, le matin du jour qui suivit son arrivée à Tours, mort dans son lit, percé de trente-deux coups de couteau, ayant sur sa table de nuit une paire de pistolets chargés. L'opinion générale de la marine fut que de Crès l'avait fait assassiner, soit pour prévenir une indiscrétion, soit même l'exhibition du fatal billet.

La fin du duc de Crès ne fut pas moins tragique. Vers la fin de 1815, l'ex-ministre, auquel son valet de chambre avait vu serrer dans avait, après la fatale issue de la bataille de Trafalgar, complètement changé de nature. Des trente-cinq vaisseaux dont se composait la flotte, cinq seulement parvinrent à regagner le port ; de ce nombre était l'*Algésiras*, monté par le contre-amiral Magon, ami intime de la famille de la Boulaye, frappé mortellement pendant l'action entre ses deux aides-de-camp. La coque de l'*Algésiras*, semblable à une écumoire, ne laissait apercevoir aucune place qui ne portât l'empreinte d'un boulet. Attaqué à la fois par quatre vaisseaux anglais qui le serraient de si près, que d'un bord à l'autre on s'arrachait les écouvillons et les refouloirs, le contre-amiral fit charger ses canons de deux boulets et de mitraille jusqu'à la gueule, et donna constamment la réplique à l'ennemi sur ce ton-là.

M. de la Boulaye tenait des deux aides-de-camp qui avaient survécu au contre-amiral Magon une foule de

un portefeuille une somme considérable en billets de banque, sauta une nuit dans son lit, sous lequel on avait placé une énorme quantité de poudre. Le valet de chambre, trouvé nanti du portefeuille, se brûla la cervelle au moment d'être saisi par la police. M. de la Boulaye voyait dans cette fin si déplorable du duc de Crès, une preuve nouvelle que la justice divine sait dès ce monde atteindre et châtier les grands coupables.

particularités, entr'autres la suivante, où se retrouve
ce mélange invariable de gaieté, de sang-froid et
d'intrépidité qui de tout temps a fait le fond du
caractère français. A bord de l'*Algésiras* se trouvait un
détachement de soldats d'infanterie qui jusque-là ne
s'étaient pas fait faute de régaler les marins du récit
de toutes les batailles auxquelles ils avaient assisté.
Voilà qu'au plus fort de la mêlée, un matelot s'approche
de l'un d'eux et lui dit d'un ton goguenard : « Eh
bien ! grenadier, ça ne vaut-y pas bien ta b........ de
bataille de Marengo? »

Quelques jours après la bataille de Trafalgar, M. de
la Boulaye reçut l'ordre de se rendre à Algésiras pour
affaires de service. La contrée qui s'étend entre Cadix et
cette dernière ville est à la fois déserte et montagneuse.
Entre Chiclane et Algésiras, sur un parcours de trente
lieues, on ne trouve pas un seul village; seulement
on rencontre des troupeaux de bœufs et de moutons
qui, sous la conduite de bergers à figures sauvages et
couverts de peaux de chèvre, se transportent d'un
pâturage à un autre; or il arriva que, dans une halte
que fit notre sous-directeur dans une grange solitaire
construite sur la crête d'une montagne, il se vit aussitôt

entouré d'une foule de bergers, hôtes de cet aimable asile; dans quelles intentions, c'est ce qu'il ne tarda pas à connaitre?

Nulle part, peut-être, autant que dans ces montagnes et parmi ces sauvages, qui à peine savaient le nom du roi d'Espagne, la renommée de l'empereur était grande: c'était pour eux l'objet d'un véritable culte; ils étaient persuadés que sa taille était pour le moins de dix coudées. Jamais les habitants de la Grèce ne professèrent pour leurs demi-dieux Hercule et Thésée une admiration plus enthousiaste. Aussi faisaient-ils à notre jeune Français les questions les plus incroyables. Pour satisfaire autant qu'il lui était possible leur curiosité et leur empressement, M. de la Boulaye s'avisa de leur montrer une pièce d'or à l'effigie de l'empereur, qu'ils se passèrent de mains en mains, poussant les plus étranges exclamations. Jamais la médaille de saint Jacques de Compostelle ne fut autant admirée, baisée, vénérée que le fut la monnaie à l'effigie impériale. Après avoir donné à leurs élans d'enthousiasme l'essor le plus illimité, ces braves gens rendirent fidèlement à M. de la Boulaye sa pièce d'or, lui souhaitant mille années d'existence et une prospérité à l'avenant. Cette admiration et cette sympathie pour l'empereur était alors partagée par toutes les classes de la société espagnole.

Arrivé à Algésiras, M. de la Boulaye, gracieusement accueilli par M. Méjean, consul de France, puis présenté par ce dernier à toutes les notabilités de la ville, assistait un soir au spectacle dans la loge consulaire, lorsqu'on apporta à M. Méjean une dépêche annonçant la victoire d'Austerlitz. Le pli qui contenait cette heureuse nouvelle fut aussitôt transmis par le consul au général Castaños (depuis duc de Baylen) qui était aussi à la représentation. A peine le général en eut-il pris lecture qu'il s'empressa de venir en personne offrir au consul et à M. de la Boulaye ses félicitations. Bientôt le public, mis dans la confidence, se leva et salua les deux Français par d'unanimes et énergiques acclamations.

Combien déplorable fut la politique adoptée quelques années plus tard vis-à-vis de l'Espagne! politique qui changea en une haine invétérée les bonnes dispositions de ce peuple brave et loyal. Trop tard l'empereur comprit et déplora cette immense faute : « La guerre d'Espagne, disait-il à Sainte-Hélène, a été une véritable plaie et la cause première des malheurs de la France ; c'est ce qui m'a perdu ! » [1]

Lorsqu'on le mettait sur le chapitre de son séjour en Espagne, la conversation de M. de la Boulaye devenait animée, abondante, inépuisable. Il est regrettable qu'il n'ait pas donné suite au projet qu'il avait formé de retracer par écrit ce qu'il avait vu, appris et senti dans ce pays. Ceux qui ont participé à ses spirituelles et instructives causeries partageront nos regrets sur ce point. Cet oubli ou cette négligence de sa part nous a privés d'une foule de particularités et d'appréciations sur les hommes et les choses de ce temps dont l'histoire eût pu faire son profit. Il quitta l'Espagne en juillet 1806 pour ne pas se séparer de son chef, M. de Limeux, directeur de la marine à Cadix, que de pénibles contrariétés et l'affaiblissement de sa santé contraignirent à rentrer en France.

Chez M. de la Boulaye, les considérations d'intérêt personnel furent toujours, durant sa longue et honorable carrière, subordonnées aux instincts généreux de son cœur. M. de Limeux ayant quitté Cadix, M. de la

____

[1] Mémorial de Sainte-Hélène.

Boulaye ne resta dans cette ville que le temps stricte-
ment nécessaire pour mettre ordre aux affaires de la
direction, après quoi il quitta l'Espagne et rejoignit à
Montpellier son cher directeur, dont la maladie était
aggravée. A force de soins dévoués et persévérants, il
vint à bout de le ramener à Paris où il fut assez heureux
pour le réconcilier, d'une part avec le Ciel, de l'autre
avec sa famille dont il avait eu à se plaindre. M. de
Limeux, reconnaissant des soins et de l'affection toute
filiale de M. de la Boulaye qui avait partagé ses travaux
et adouci ses douleurs, voulait tester en sa faveur. Un
refus très-nettement exprimé changea les dispositions
du mourant, qui se détermina à laisser sa fortune à
ceux à qui elle devait naturellement revenir.

Après avoir rendu les derniers devoirs à M. de
Limeux, M. de la Boulaye travailla dans les bureaux
de l'administration centrale de la marine jusque vers
le milieu de l'année 1808, époque où, avec le titre de
directeur, il reçut la mission de réorganiser le service
des vivres sur l'escadre française, mouillée à l'embou-
chure de l'Escaut, rude et difficile tâche qui pendant
une année entière l'assujettit à un travail forcé, qui
nécessita l'emploi non seulement de toutes ses journées,

mais encore d'une partie de ses nuits. Ce travail excessif,
joint au mauvais air de Flessingue, altéra sa santé, à
tel point qu'il dut quitter cette résidence pour Anvers.
Ce fut là qu'une lettre de sa mère vint donner aux idées
du malade une face nouvelle et hâter sa convalescence.

Mme de la Boulaye mandait à son fils que, désireuse
de le voir marié, elle avait cherché et trouvé pour lui
un parti des plus honorables dans la personne de
Mlle de la Chapelle, fille d'un ancien commissaire
général de la maison du roi, dont la famille, avant la
révolution, avait été en liaison intime avec celle des
la Boulaye. [1]

La famille de Mlle de la Chapelle, originaire du
Périgord, s'était fixée dans le Lyonnais durant le cours
du 17e siècle. L'aîné de ses oncles, à l'héritage duquel
elle participa, avait transporté sa fortune dans le

---

[1] Le père de Mlle de la Chapelle, l'une des nombreuses victimes du
tribunal révolutionnaire, fut arrêté en même temps que son ami
M. de Ville d'Avray, personnage qui posséda au plus haut degré
l'estime et la confiance de Louis XVI, et enfermé avec lui à l'Abbaye.
On sait que le roi prenait plaisir aux travaux de mécanique et de
serrurerie : un jour qu'il travaillait dans son atelier avec quelques
maîtres ouvriers de Paris, l'un de ces derniers se permit envers le
roi une familiarité irrespectueuse que le trop indulgent monarque
supporta sans se fâcher. M. de Ville d'Avray, présent à la scène,

département de l'Ain, et une de ses tantes avait épousé M. de Raymondis, lieutenant général au baillage de Bresse. Ces quelques détails suffisent à expliquer comment les de la Boulaye, Normands d'origine et fixés à Versailles par les charges que dès le commencement du 18ᵉ siècle ils occupèrent à la cour, ont pris racine sur le sol de la Bresse.

A la réception de la lettre de sa mère, aux avis de laquelle il se montra toujours docile, M. de la Boulaye se hâta d'aller à Versailles, où il obtint la main de Mˡˡᵉ de la Chapelle.

Après son mariage, il quitta le service des vivres de la marine pour entrer au ministère en qualité de chef de bureau de l'habillement et de l'équipement des équipages de ligne que l'on réorganisait alors sur un plan nouveau. Ce fut dans cette situation que le trouvèrent les événements de 1814.

adressa alors au roi ces prophétiques paroles : « Sire, quand le roi se fait peuple, le peuple se fait roi ! » — Echappé une fois, comme par miracle, aux massacres des 2 et 3 septembre, M. de la Chapelle se retira à Passy où, pour son malheur, le fameux Couthon, de scélérate et hideuse mémoire, vint aussi se fixer dans l'intérêt de sa santé. Couthon passait son temps à s'enquérir du nom de ses voisins. Il fit arrêter et mettre en jugement M. de la Chapelle, qui périt sous la hache révolutionnaire douze jours avant la mort de Robespierre.

Une des premières choses dont se préoccupa le roi
Louis XVIII, en montant sur le trône, fut de constituer
sa maison, et ce fut le compagnon le plus assidu, le
plus dévoué de son exil, M. de Blacas d'Aulps, qu'il
chargea de ce soin; mais ce dernier manquait des
documents et des données indispensables pour arriver
à ce but. Feu M. de la Chapelle, beau-père de M. de
la Boulaye, avait, au moment où éclata la révolution,
reçu en dépôt les papiers relatifs à la maison du roi
Louis XVI, et ces papiers se trouvaient entre les mains
de sa veuve. Une personne de l'ancienne cour donna
à M. de la Boulaye le conseil de présenter ces papiers à
M. de Blacas. Admis en sa présence, l'entretien roula
tout naturellement sur le contenu de ces papiers, sur
l'administration en général et sur celle de la maison du
roi en particulier; M. de la Boulaye se laissa aller à
développer ses propres idées, et il le fit avec assez de
bonheur pour que le futur ministre le priât de lui
remettre un mémoire sur les objets dont il l'avait
entretenu. Deux jours après, il portait aux Tuileries
un mémoire complet sur l'ensemble et les détails de
tous les services de la maison du roi.

M. de la Boulaye ne tarda pas à être rappelé au

ministère où M. de Blacas lui fit part de son intention de mettre à la tête de tous ses bureaux, avec le titre de secrétaire général, une personne qui travaillerait directement avec lui et dirigerait sous ses ordres les différentes divisions de ce ministère, ajoutant qu'il s'estimerait heureux si cette place pouvait lui convenir. Une position, qui faisait de son titulaire le dispensateur des grâces et faveurs royales, et l'*alter ego* du favori du roi, devait être à la convenance de M. de la Boulaye qui accepta avec empressement et reconnaissance, et prit possession le jour même. A partir de ce moment, il cessa d'appartenir à l'administration de la marine dans laquelle il comptait seize années de services, si bien appréciés par le ministre que, pour laisser au démissionnaire un témoignage de sa satisfaction, il le fit nommer par le roi commissaire honoraire de la marine.

Le hasard, comme on le voit, avait produit entre M. de Blacas et M. de la Boulaye cette association dans une œuvre commune. Cette association toutefois était loin de reposer sur la similitude des caractères, des idées et des vues des deux personnages. Un seul lien les unissait, leur attachement à la cause et à la personne des Bourbons ; pour tout le reste, dissemblance complète. Les hommes d'expérience savent que l'harmonie dans les rapports sociaux s'établit plus souvent par les contrastes que par l'analogie des sentiments et des humeurs. Ainsi en fut-il entre le ministre et le secrétaire général de la maison du roi.

M. de Blacas, gentilhomme de la plus vieille roche, d'une taille élevée, d'un port majestueux, avec toutes les manières qui distinguent le grand seigneur, avait une physionomie froide, sévère, hautaine, qui ne contribuait pas moins que son titre officiel de favori du roi à provoquer l'antipathie qui s'attacha à son nom et à sa personne. Il était du reste plein de droiture, loyal, généreux, passionné pour le service du roi et la grandeur de la France, que malheureusement il ne connaissait pas. Comme la plupart des émigrés rentrés avec lui, il ne tenait nul compte des modifications que le temps et la révolution avaient apportées dans les mœurs et les opinions. Confiant dans le besoin de repos que devaient éprouver toutes les cours alliées après tant de bouleversements et de désastres, sur la lassitude que tant de guerres lointaines avaient laissée aux chefs de l'armée impériale, de plus, encouragé par les démonstrations d'enthousiasme qui avaient éclaté sur le passage du roi et des princes, depuis la frontière jusqu'aux Tuileries, il croyait la révolution morte à jamais, et s'obstinait à la considérer comme un accident et non comme l'expression des vœux, des opinions et des besoins des générations nouvelles, c'est-à-dire de la nation entière, moins une petite fraction de l'ancienne noblesse et de l'ancien clergé. Imbu de ces idées, il ne pouvait comprendre que l'on pût fonder quelque chose de solide et de durable avec cette charte mi-partie monarchique, mi-partie démocratique, que le roi son maître avait octroyée à la France. En résumé, le rôle des Bourbons, dans sa pensée, consistait tout simplement à reprendre les errements de la monarchie telle que Louis XIV l'avait comprise et pratiquée. Cet homme à idées rétroactives, incrusté dans le passé, à peu près destitué de clairvoyance politique, se recommandait par deux vertus que j'appellerai antiques, tant elles sont rares de nos jours : la fidélité et le désintéressement. Tel était M. de Blacas.

A un homme ainsi fait il fallait, pour remplir avec succès le poste qu'il tenait de la confiance du roi, un suppléant pourvu des qualités qui lui faisaient défaut, le hasard, nous l'avons dit, le lui avait donné, et il avait été le premier à le reconnaître et à s'en réjouir.

Jeune, laborieux, actif, élevé à la grande école de l'empire, très au courant des affaires que dès sa première jeunesse il avait appris à connaître, M. de la Boulaye avait marché avec son époque, frayé avec les hommes de tous les régimes et de toutes les opinions. Conciliant par principes et par caractère, il s'efforçait par tous les moyens en son pouvoir d'apaiser et de neutraliser les passions réactionnaires importées de l'exil. Il poussait à la transaction, à l'assimilation entre l'ancienne et la nouvelle société. C'étaient là, suivant lui, les tempéraments que commandaient les circonstances et le meilleur moyen pour rattacher au roi tous ses sujets. Il possédait, en outre, les avantages extérieurs qui donnent du relief aux dons de l'esprit et de l'intelligence: une physionomie douce, attractive, des manières aisées, courtoises, une conversation élégante, spirituelle, semée de traits et d'à-propos. Toutes ces qualités aimables, que le temps respecta jusqu'à sa mort, doublaient le prix des faveurs royales dont il était l'intermédiaire et le dispensateur, et nul autant que lui ne connut le secret d'adoucir l'amertume d'un refus, quand le refus était nécessaire. Aussi arriva-t-il que, bien qu'au second rang, il remplit le rôle principal que le ministre, plein de confiance dans ses talents et sa droiture, ne balança pas à lui laisser.

M. de Blacas, regardé avec raison comme le favori de Louis XVIII, passait à tort pour exercer la plus grande influence sur les affaires de l'Etat; homme de cour avant tout, il ne tenait véritablement qu'à sa position auprès du roi et laissait à chaque ministre gérer en liberté son propre département. Cependant la plus grande partie des fautes commises pendant la première restauration lui fut attribuée, sans qu'il y eût pris part. L'envie et la jalousie faisaient de lui une sorte de bouc émissaire sur lequel on rejetait les iniquités d'Israël.

Témoin de ce déchaînement universel, M. de la Boulaye l'avait plusieurs fois engagé à remplir les fonctions de premier ministre, dont on lui donnait la responsabilité. Le conseil était bon, et M. de Blacas, qui en reconnaissait la justesse, par désintéressement ou par modestie, ne se décida jamais à le mettre en pratique.

M. de Blacas avait peu d'imitateurs. C'était à qui

s'emparerait du pouvoir et des places. Les plus ardents à l'escalade étaient précisément ceux qui devaient tout à l'empereur, titres, grades, illustration, fortune. Au nombre de ces derniers, M. de la Boulaye citait le maréchal Soult qui, à force d'instances, et avec l'appui du comte d'Artois, avait obtenu le portefeuille de la guerre, retiré des mains du général Dupont. Le mécontentement de l'armée était le symptôme le plus alarmant du moment; on comptait sur le maréchal pour y remédier. Il avait en effet imaginé un plan qui, s'il eût été mis en pratique, aurait vraisemblablement coupé court au mal. Ce plan, exposé dans un mémoire communiqué à M. de la Boulaye, consistait à dissoudre l'armée, à organiser provisoirement les gardes nationales, puis à recomposer une armée nouvelle qui fût entièrement au roi. Mais en même temps l'ambitieux maréchal proposait, comme moyen infaillible de succès, de faire revivre en sa faveur la charge de connétable de France, qui lui aurait conféré les pouvoirs de généralissime. Ce beau projet, qui devait mettre entre ses mains l'épée des Clisson et des Duguesclin, fut déjoué par le retour de Napoléon de l'île d'Elbe, retour dont le maréchal ne fut pas le moins contrarié. Cependant l'aigle impérial, volant de clocher en clocher, s'approchait des Tuileries. Dans l'intérieur de ce palais ce n'étaient que conseils sans résultats, allées et venues inutiles, projets aussitôt abandonnés que formés. Le retour précipité du comte d'Artois de Lyon acheva d'y porter la confusion et la terreur. On ne parla plus que de partir, non pour la Vendée restée libre, mais pour Lille qui ouvrait un passage à la frontière. Le roi, accompagné de M. de Blacas, partit en effet dans la nuit du 19 au 20 mars.

M. de la Boulaye voulut, avant de rejoindre les fugitifs, brûler tous les papiers de nature à compromettre un grand nombre de familles. Mandé le 27 mars par M. de Montalivet, nommé intendant de la liste civile impériale, il s'empressa de recommander à sa bienveillance les employés du ministère, pour la plupart anciens serviteurs de l'empire, et en même temps il lui remit sa démission des fonctions de secrétaire général de ce ministère. « Monsieur, lui dit M. de Montalivet, vous avez servi fort honorablement dans la marine, ne désireriez-vous pas y rentrer? — Monsieur, répondit M. de la Boulaye, il n'y a pas de veuve qui ne porte au moins un an le deuil de son mari, trouvez bon que je donne à la famille royale ce même témoignage de regrets et de reconnaissance. » Une déclaration si simple était faite pour toucher un homme qui, à l'élévation de l'esprit, unissait toutes les délicatesses du cœur. « M. de la Boulaye, répliqua avec un accent ému M. de Montalivet, je respecte vos scrupules; mais dans six mois, dans un an, quand il vous plaira enfin, venez me trouver, et quelque chose que vous désiriez, comptez sur moi. » Sur cela, M. de Montalivet pria M. de la Boulaye de lui présenter les employés du ministère, ce que ce dernier s'empressa de faire. Un de ces employés qui lui devait sa place et qui se croyait autorisé à mordre la main qu'il léchait la veille, s'avisa de prendre la parole pour contester à l'ex-secrétaire général le droit de faire la présentation. Un regard foudroyant de M. de Montalivet fit rentrer la parole dans le gosier de ce misérable, à qui une si odieuse ingratitude valut sur le champ la perte de son emploi.

M. de la Boulaye, après avoir mis ordre à ses affaires, alla rejoindre le roi à Gand où, parfaitement accueilli par le monarque et par M. de Blacas, il reprit ses fonctions, réduites pendant les Cent-jours à une simple sinécure.

Cependant le temps s'écoulait et l'empereur, qui avait eu la chance de relever sa fortune, n'eut pas celle de la rétablir. Le désastre de Waterloo rouvrait une seconde fois aux Bourbons les portes de la France. Le roi, accompagné d'un petit corps d'armée de 4,000 hommes, tous Français, s'achemina vers Paris. Au moment de fouler de nouveau le sol de la patrie, M. de Blacas vint prendre congé du roi. En vain le monarque voulut-il le retenir par les plus fortes et les plus tendres instances, M. de Blacas fut inébranlable. « Je suis trop impopulaire, disait-il, pour ne pas me croire obligé en conscience de m'abstenir de reparaitre avec Sa Majesté. » Conduite magnanime, quand on la rapproche des honteuses défections, des défaillances morales, des calculs intéressés qui signalèrent cette époque.

Le portefeuille de la maison du roi, délaissé par M. de Blacas, puis refusé par M. de Richelieu, passa entre les mains de M. de le comte de Pradel, homme d'un rare mérite, loyal, modeste et d'une discrétion à toute épreuve.

Unis intimement l'un à l'autre par les liens de l'amitié et de l'estime, par la conformité des sentiments et des principes, MM. de Pradel et de la Boulaye, sans égard pour la subordination hiérarchique, mirent leurs efforts en commun pour imprimer une direction salutaire aux affaires de la maison du roi. Le temps, qui a mis fin à cette association dans une œuvre commune, n'a rien enlevé à l'attachement et à la sympathie mutuelle qu'ont toujours montrés l'un pour l'autre ces deux honorables personnages.

Cette situation, qui donnait à M. de la Boulaye une influence prépondérante, avait, en même temps que ses occupations, augmenté le nombre de ses envieux et de ses ennemis; mais il trouvait dans le bien qu'il faisait un dédommagement. Il voyait en quelque sorte se dérouler devant lui toutes les misères de la France; que de services à récompenser, que d'honorables familles à soulager! Mais à côté de cela, combien de sollicitations importunes, de demandes exagérées, de plaintes sans fondement! Discerner le vrai du faux n'était pas chose facile; moins facile encore était-il de contenter tout le monde.

Dès l'année 1816 commença entre les royalistes une scission habilement fomentée par M. de Caze, ministre de la police, attaché depuis 1814 aux intérêts de la maison d'Orléans. Cet homme beau, spirituel, aux dehors séduisants, aux manières souples et caressantes, avait su conquérir la confiance d'abord, puis l'affection de Louis XVIII. Assez durement traité par la chambre de 1815, il avait peu à peu amené le vieux roi à l'idée d'un ministère libéral, puis il avait poursuivi son plan qui consistait, nous l'avons dit, à désunir les amis du roi et à préparer les voies à l'avènement de la branche cadette de Bourbon. Il était parvenu à aigrir le cœur de Louis XVIII contre son frère, qu'il lui représentait sans cesse comme blâmant toutes ses mesures, et se promettant à sa mort de démolir toutes ses institutions.

M. de la Boulaye n'était pas homme à dévier et à se laisser entraîner dans la voie détournée que M. de Caze ouvrait aux partisans de la royauté. Il avait même repoussé avec quelque éclat les propositions qui lui avaient été faites dans ce sens. Ne pouvant le gagner, il fallait le faire destituer; c'est ce que tenta M. de Caze, mais il ne put dans cette circonstance triompher de l'intérêt et de la bienveillance que le roi portait au secrétaire général de sa maison dont il avait si souvent pu apprécier le dévoûment et la droiture.

Cependant, à la mort du duc de Berry un cri général s'éleva contre M. de Caze, qui dut quitter le ministère.

La présidence du conseil fut confiée à M. le duc de Richelieu. Ce nouveau ministère céda lui-même la place à celui qui a été connu sous le nom de ministère Villèle.

M. de la Boulaye avait été très-lié avec M. de Villèle, et cette liaison, très-ostensible, l'avait pendant le ministère de M. de Caze fort compromis aux yeux de ce ministre. Lors de la création du ministère Villèle, il fut un moment question de faire entrer M. de Blacas dans la nouvelle combinaison; M. de la Boulaye, obéissant plutôt aux entraînements de l'amitié qu'aux conseils de la prudence, crut pouvoir en parler franchement à M. de Villèle dont un pareil projet ne faisait pas l'affaire. Craignant, non sans raison peut-être, que M. de Blacas venant à reprendre son ascendant sur le cœur du roi, le chef du ministère ne fût réduit au rôle de simple satellite de l'astre qui allait remonter à l'horizon, M. de Villèle fit tant et si bien que le nom de l'ancien favori fut effacé de la liste où le roi l'avait placé lui-même. Cependant la démarche honorable, mais impolitique, de M. de la Boulaye indisposa vivement M. de Villèle, qui, depuis et en toute circonstance, lui témoigna une malveillance marquée, comme nous ne tarderons pas à le voir.

Le changement de ministère amena un changement dans la direction de la maison du roi. M. de Pradel fut remplacé par le général de Lauriston, petit-neveu de Law, militaire distingué de l'empire, et comme tel agréable à l'armée. M. de la Boulaye fut bien à la vérité maintenu dans ses fonctions, mais il ne trouva plus dans le nouveau ministre ni la bienveillance ni l'unité de vues et d'action auxquelles l'avaient habitué les prédécesseurs de M. de Lauriston. Un régime si nouveau et en même temps si pénible pour lui, les soins à donner à sa santé altérée par des travaux excessifs, le déterminèrent à donner sa démission, que le roi ne voulut pas accepter sans lui donner en même temps une nouvelle marque de son affection ; il créa pour lui une charge nouvelle, celle de contrôleur général de toutes les dépenses de sa maison. Mais M. de Lauriston, d'accord en cela avec M. de Villèle, s'efforça, par tous les moyens en son pouvoir, d'annuler ces fonctions et parvint, quelques mois avant la mort de Louis XVIII, à faire supprimer le contrôle général.

Par suite de cette suppression, M. de la Boulaye fut mis en disponibilité avec le titre d'intendant de la maison du roi. Il reçut dans cette circonstance, de la part du comte d'Artois, un témoignage d'intérêt bien propre à le dédommager de ses petites disgrâces. Ce prince, à qui personne ne contesta jamais les qualités du cœur, voulut exprimer lui-même à M. de la Boulaye ses regrets pour l'injustice qu'on lui avait fait subir, et comme M. de la Boulaye témoignait à Son Altesse sa gratitude pour toutes les bontés dont elle daignait le combler. « Monsieur, ajouta le prince en terminant, je n'ai fait que vous rendre justice, car il n'est personne qui ne m'ait dit du bien de vous. »

Les loisirs que créa à M. de la Boulaye celte situation, lui permirent pour la première fois de vivre enfin pour les siens et pour lui-même. Ce fut le temps le plus heureux de sa vie. Recherché, accueilli avec empressement et distinction dans les salons politiques et littéraires, il put donner pendant quelques années ample satisfaction à son goût inné pour cette conversation pleine à la fois d'élévation et de charme dont les interlocuteurs se rencontrent si rarement ailleurs qu'à Paris. Ce n'est que là, en effet, que se trouvent la dignité sans morgue, la familiarité sans vulgarité, l'élégance sans prétention et sans affèterie, et cette adorable simplicité de manières qui, dans les rapports sociaux comme dans les œuvres de l'esprit, est le comble de l'art. Les salons du duc de Coigny, du maréchal de Vioménil, des duchesses de Narbonne, de Duras, étaient ceux que fréquentait le plus M. de la Boulaye et qu'il ne cessa jamais de regretter. Que de fois j'ai vu une larme humecter sa paupière, alors que ses souvenirs se reportaient sur ces nobles maisons, toutes aujourd'hui fermées par la mort.

M. de la Boulaye rentra dans la vie publique au moment déjà fort critique où le ministère Villèle, harcelé par une opposition violente et systématique, s'était décidé à affronter les chances de la dissolution de la chambre des députés et d'une nouvelle élection, mesure qui devait précipiter la chute de ce ministère et hâter celle de la royauté elle-même. Nommé député au grand collége de l'Ain en novembre 1827, M. de la Boulaye aborda la tribune dès le début de la session, et prit une vive part à la lutte, défendant avec une énergie et un dévoûment dignes d'un meilleur succès ses sentiments et ses convictions monarchiques, contre une opposition d'autant plus redoutable qu'elle s'était, dès les premiers jours, accrue d'un nombre assez considérable de royalistes qui s'allièrent et votèrent depuis avec le centre gauche, et qui formèrent un nouveau parti dans la chambre, appelé *le parti de la défection.*

Ardent à l'attaque, prompt à la réplique, sans cesse sur la brèche, quoique novice dans la stratégie parlementaire, M. de la Boulaye fit d'abord plus d'une faute de tactique. Mais il y avait dans l'ensemble de ses allures une loyauté, une franchise qui involontairement prévenaient en sa faveur et désarmaient l'irritation de ses adversaires. Ce fut du camp de ces derniers et de la part même de leur chef que lui fut donné un avis dont il fit son profit, et qu'il reçut avec une déférence et une gratitude qui lui valurent depuis l'attachement de l'homme éminent qui a tenu une si grande place dans la révolution de juillet, de Casimir Périer.

A l'occasion d'un amendement que la gauche ne voulait pas laisser discuter, M. de la Boulaye était monté à la tribune où il s'obstina à parler malgré les conversations particulières, les interruptions et les murmures de la gauche. Peu de jours après, Casimir Périer l'aborda et l'entraîna dans un coin de l'hémicycle. « Mon cher collègue, lui dit-il, je suis un des vieux combattants de la chambre, permettez-moi de vous donner un avis. Vous avez essayé récemment de faire violence à la volonté manifeste de la majorité, en vous obstinant à prononcer jusqu'au bout un discours qu'elle avait résolu de ne pas écouter. C'est une faute de tactique qui pourrait vous nuire et dans laquelle il est de votre intérêt de ne pas retomber! Je ne sais, ajouta-t-il, pourquoi je vous dis cela, car vous êtes de ceux qui me paraissent destinés à faire la plus rude guerre à l'opposition dont je fais partie; mais j'éprouve une sympathie qui m'entraîne vers vous, et c'est là le seul motif qui m'a poussé à vous donner cet avis. »

Cet avis, loyalement donné, cordialement reçu, fut le point de départ des relations affectueuses et amicales qui ne cessèrent de subsister depuis entre ces deux personnages, divisés par les opinions et les principes, mais étroitement rapprochés par l'élévation de l'esprit et la générosité des sentiments. Combien de fois ai-je entendu M. de la Boulaye déplorer que la branche aînée n'ait pas eu au service de sa cause un homme aussi grand par l'intelligence, le talent et le courage que l'était Casimir Périer. « Combien, ajoutait-il, le sort de ce dernier eût, dans cette hypothèse, été meilleur! Il ne serait pas mort à la peine, victime de la dissimulation et de la politique astucieuse d'un roi qui lui devait l'affermissement de son pouvoir! »

Le ministère de M. de Martignac ne fut qu'un temps d'arrêt dans la chute; il ne restait au malheureux Charles X que le choix des fautes. Il en fit une capitale et sans remède en choisissant pour ses nouveaux ministres les trois noms, à tort ou à raison, les plus antipathiques de France, dans l'opinion des royalistes eux-mêmes : le prince de Polignac, le comte de la Bourdonnaye et le général Bourmont.

Des choix aussi impolitiques augmentèrent l'audace des partis. On attribua au gouvernement les projets les plus extravagants, celui entr'autres de détruire la charte et de la remplacer par le régime des ordonnances. Alors s'organisèrent les associations pour le refus de l'impôt, provoquées et présidées par les députés de l'opposition. Le trouble et la mésintelligence se mirent au sein même du conseil des ministres. Le comte de la Bourdonnaye, jaloux de la faveur du prince de Polignac, effrayé en outre de l'aspect de plus en plus menaçant de la situation, sortit du conseil en déclarant que : « *dans une partie où il jouait sa tête, il voulait au moins tenir les cartes.* »

Un mois environ avant l'ouverture des chambres, M. de la Boulaye eut avec le prince de Polignac une conversation fort sérieuse. Le prince s'étant plaint longuement de l'exaspération toujours croissante de l'opinion publique que la presse libérale ne cessait d'égarer par des récits calomnieux et des accusations sans fondement, « les blessures que fait la presse, lui répondit M. de la Boulaye, ne peuvent être guéries que par elle-même; pourquoi ne pas vous en servir pour éclairer ceux qui ont été abusés par elle? Pourquoi, dans un rapport que vous adresseriez au roi, et que vous auriez le soin de faire insérer dans tous les journaux, n'exposeriez-vous pas résolument tous les griefs suscités et exploités par la presse, avouant ceux qui peuvent être fondés et réfutant ceux qui ne le sont pas, indiquant d'avance à Sa Majesté la marche à la fois ferme et constitutionnelle que le ministère se propose de suivre pour ramener le calme dans les esprits? Ce serait le moyen de résoudre avant la session beaucoup de questions épineuses et de prévenir, par une déclaration sincère et spontanée, les objections les plus graves. »

Le prince goûta fort cette idée et pria M. de la Boulaye

de lui préparer le canevas du rapport en question, ce que celui-ci s'empressa de faire. Ayant porté son travail quelques jours apres, le prince s'en montra très-satisfait ; mais il ajouta, « *qu'après mûre réflexion, le conseil était d'avis de ne s'expliquer que devant les chambres.* » Résolution regrettable, car quel profit pouvait-on se promettre d'explications données devant une opposition décidée à ne rien entendre?

Cependant quelques mois après cette entrevue, le conseil de M. de la Boulaye revint en mémoire au ministre qui rédigea ou fit rédiger le rapport; mais le moment opportun était passé. Ce rapport fut depuis retrouvé dans les archives de la chambre des pairs, et inséré dans l'*Histoire de la dernière année de la Restauration* par M. Boullée, notre honorable compatriote, ancien magistrat, publiciste aussi consciencieux que distingué, et intime ami de M. de la Boulaye.

A l'époque même où eut lieu la conversation de M. de la Boulaye avec le prince de Polignac, il reçut deux propositions de nature à tenter un homme plus accessible à l'ambition qu'au devoir. D'une part, le baron d'Haussez, ministre de la marine, voulait l'attacher à son ministère en qualité de sous-secrétaire d'Etat ; de l'autre, M. de Montbel, ami de M. de la Boulaye, et alors ministre de l'intérieur, lui offrait la direction des affaires de ce département. A l'un et à l'autre, M. de la Boulaye répondit : « Qu'accepter en un pareil moment une position ministérielle, ce serait affaiblir l'influence qu'il pouvait exercer à la chambre, donner une couleur intéressée à ses opinions dont personne jusques-là n'avait pu contester l'indépendance ; ce serait de plus, ajoutait-il, se poser en défenseur d'une place plutôt que de la royauté ; enfin il représenta qu'il lui paraissait plus utile et plus convenable, pour le gouvernement et pour lui-même, de ne recevoir les faveurs royales que lorsqu'elles seraient plus complètement justifiées par ses services. »

La session s'ouvrit enfin au milieu de l'extrême agitation des partis que l'on n'avait rien fait pour calmer. La commission de l'adresse, où l'opposition se trouvait en majorité, refusa son concours au ministère. La discussion du projet dépassa en violence tout ce qu'on avait vu jusqu'alors. Ce n'étaient qu'attaques furibondes, interpellations injurieuses, partant de tous les bancs de l'opposition. A défaut d'actes à incriminer, on s'en prenait aux intentions, moyen commode de n'être pas contredit. Le ministère ne sut pas se défendre ou se défendit maladroitement. Enfin la réponse de la commission fut acceptée par 221 voix, nombre fatal qui déjà avait signalé l'alliance de l'opposition libérale et de la défection.

Le lendemain, M. de la Boulaye écrivit à M. de Montbel pour le supplier de ne pas céder au découragement, et par-dessus toute chose, de ne recourir à aucun moyen extrême, marche la plus sûre, suivant lui, pour démasquer l'opposition et la mettre au pied du mur en la forçant à s'expliquer. Quelques heures après, il allait tenir le même langage au prince de Polignac, lequel lui avoua que déjà une trentaine de signataires de l'adresse étaient venus le trouver pour lui exprimer leurs regrets et lui promettre leur concours pour l'avenir. La marche à suivre, conseillée par M. de la Boulaye, était donc la plus sûre et la plus prudente, mais, hélas !

Quos vult perdere Jupiter, dementat!

Il fut répondu à l'adresse par une ordonnance de prorogation, faute amère qui conduisait à une dissolution. En vain M. de la Boulaye s'efforça-t-il de prévenir cette dernière mesure en représentant à M. de Chabrol les raisons qui devaient détourner le roi de tenter de nouvelles élections, la possibilité de se tirer d'affaire avec la chambre actuelle dont beaucoup de membres regrettaient le vote hostile qu'ils avaient émis. M. de Chabrol, qui partageait cet avis, fit valoir de son mieux au conseil les raisons de M. de la Boulaye, mais sans pouvoir l'emporter sur un parti pris. La dissolution fut prononcée!

Désigné pour présider le grand collége du département de l'Ain, dont il était député, M. de la Boulaye, dans l'audience de congé que lui donna le roi, ne lui dissimula aucune de ses appréhensions et ne lui cacha pas qu'au point où les choses en étaient venues, ce n'était que sur la fermeté du roi que reposait le salut de la France. « M. de la Boulaye, interrompit Charles X, mon parti est pris, je ne reculerai pas d'une semelle. » Telles furent les paroles textuelles de ce malheureux prince, qui était loin de se douter que bientôt il aurait à reculer de Saint-Cloud à Cherbourg, de là en Ecosse et en Bohême, puis enfin à Goritz où il devait laisser sa dépouille mortelle.

Réélu député, M. de la Boulaye alla attendre dans

sa terre de Romenay le jour de la convocation des chambres. Au lieu d'une ordonnance de convocation, ce fut un ordre de dissolution qui arriva ; c'est-à-dire un coup d'Etat. Si téméraire que fut un parti aussi disproportionné avec l'énergie et la capacité de ceux qui l'avaient mis en œuvre, au moins pouvait-on espérer encore que le ministère avait pris les précautions requises pour en assurer le succès. Toutefois, pour qui connaissait le ministre dirigeant chargé de tenir tête à une situation aussi périlleuse, l'attente des événements devait être pleine de doute et d'anxiété. Plusieurs jours s'écoulèrent pour M. de la Boulaye dans une attente de cette nature, et les premières nouvelles qui lui parvinrent à Romenay lui apprirent le succès de l'insurrection de juillet, le départ du roi et de sa famille. Bientôt après le *Moniteur,* interrompu pendant quelques jours, apporta le compte-rendu de la séance du 7 août et de l'intronisation de Louis-Philippe.

Serviteur personnel des Bourbons de la branche aînée, M. de la Boulaye ne pouvait prêter serment à un prince qui avait été l'instigateur et était devenu le bénéficiaire de la révolution de juillet Il envoya sur-le-champ sa démission de député, et s'établit dès-lors définitivement en Bresse, où il vécut depuis dans un éloignement absolu des affaires, passant la belle saison dans son château de Romenay et ses hivers à Bourg.

Pour la plupart des hommes qui ont participé aux agitations de la vie publique, la retraite est ordinairement une épreuve difficile, une cause incessante de regrets, de retours amers vers le passé, une sorte de mort anticipée. Un des maîtres de la parole a dit excellemment : *La solitude est la patrie des forts.* [1] Pour s'y complaire, en effet, il faut que les puissances de l'âme soient dominées par un sentiment d'une nature supérieure, que par la méditation et la prière l'homme entretienne avec Dieu un commerce intime et suivi, que les choses et les intérêts d'en haut viennent peu à peu se substituer aux choses et aux intérêts d'ici-bas. Il faut, en outre, qu'indépendant des circonstances extérieures et éventuelles, l'esprit trouve dans son propre fonds les ressources nécessaires à son activité. M. de la Boulaye possédait ces conditions essentielles. Jamais à aucune époque de sa vie il n'avait perdu de vue les enseignements religieux qu'il avait reçus sur

---

[1] L'abbé de Ravignan.

les genoux de sa mère; toujours, même au milieu des orages de la jeunesse, ils avaient été la règle et le frein de sa conduite; avec l'âge leur empire s'était accru et fortifié, et à mesure qu'elle s'éclairait davantage, sa foi devenait plus soumise et plus pratique. Voilà pour l'âme. Quant à l'esprit, nous avons dit déjà quel était le sien : aiguisé, poli, raffiné par le commerce du monde, l'habitude de la cour, se produisant au dehors par ce langage inimitable qui semble la propriété exclusive d'une caste, qui ne s'apprend ni par l'étude ni dans les livres et dont nos mœurs contemporaines auront bientôt, hélas! perdu la tradition.

Dans un esprit ainsi fait la nature avait primitivement déposé un germe, celui de la poésie, qui se développa spontanément, sans le secours de l'exercice et du travail. Chose inexplicable, cet homme qui, ainsi que la plupart de ses contemporains, n'avait pas eu le temps d'être jeune, qui, jusqu'à l'âge de quarante ans, avait passé ses jours et une partie de ses nuits dans la sécheresse du travail administratif, s'était constamment montré fidèle au culte des muses.

Dès l'âge de seize ans, sa verve poétique avait pris son essor à l'occasion de la mort prématurée d'une parente qu'il aimait tendrement, et dont il accompagna la dépouille mortelle au cimetière. Arrivé dans ce champ du repos et de l'égalité, il s'étonna de voir les hommes de la révolution gisants pêle mêle avec leurs victimes. Dans une pièce de vers consacrée au souvenir de sa parente, se trouve la pensée suivante qui met en plein relief la bonté native de son cœur et la précocité de sa muse naissante :

O jour épouvantable, où dormant sous la terre
Vous serez éveillés par l'éternel tonnerre,
Où pâles et tremblants, sortant de vos tombeaux,
Vous renaîtrez pour vivre à des tourments nouveaux,
Où pressés, accablés par toutes vos victimes,
Ayant un Dieu pour juge et pour témoins vos crimes,
Vous serez poursuivis par des feux dévorants.
Je ne puis leur vouloir tant d'affreuses misères !
Ils sont hommes, hélas ! ils sont aussi nos frères !
Que pourrais-je gagner à tous ces châtiments?
Leurs tourments pourront-ils adoucir mes tourments ?
Ah ! que plutôt du Ciel la bonté secourable
Daigne jeter sur eux un regard favorable;
Que détestant leur crime, abjurant leurs fureurs,
Ils reportent vers lui leur espoir et leurs cœurs !...

Au moment où se produisait en France une réaction

vengeresse contre la fureur homicide des hommes de
la révolution, n'est-il pas surprenant de trouver dans
le cœur d'un enfant, âge que l'on a dit être sans pitié,
un pareil trésor de mansuétude et de commisération.
Mieux que ne pourrait le faire toute ma prose, ces
quelques vers, dans lesquels se reflète un sentiment si
élevé de charité chrétienne, nous donnent une idée
exacte du caractère et des tendances du jeune poète.

Les poésies qui appartiennent à la jeunesse de M. de
la Boulaye forment un assez gros bagage. Elles se
composent, pour la plus grande partie, d'élégies, genre
fort en vogue sous le consulat et l'empire ; de contes,
de fables, de chansons et autre fretin littéraire que
l'auteur a inexorablement condamné à l'oubli. Quelques
épîtres ultrà-sentimentales, qu'il appelait les erreurs
de sa jeunesse *(delicta juventutis)* ont vraisemblablement
motivé cet arrêt.

Dans sa douce retraite de Romenay, entouré d'une
famille dont il était l'idole, les lettres qui avaient
occupé les rares loisirs de sa jeunesse furent à la fois
le charme et la distraction de ses vieux jours. Son rôle
politique était achevé; de nouveaux acteurs occupaient
la scène : principes, institutions, mœurs, tout était

changé. La France s'était placée de nouveau sur la pente
des révolutions : 1830 faisait pressentir 1848 ; avec cette
perspicacité, qui est le fruit de l'expérience et de l'étude
réfléchie de l'histoire, M. de la Boulaye entrevoyait
l'avénement plus ou moins rapproché, mais inévitable
selon lui, d'une révolution, non plus politique seulement, mais sociale. Aussi avait-il, sans réserve comme
sans retour, adressé à l'Espérance et à la Fortune le
suprême adieu d'Horace à ces trompeuses divinités :

Inveni portum; Spes et Fortuna valete !
Sat me lusistis, ludite nunc alios.

Dans l'une des plus jolies pièces qui font partie du
recueil de ses œuvres, et qu'il intitula : *Mon Ermitage,*
il nous apprend lui - même combien la solitude
s'assimilait à ses goûts :

Ma solitude
N'a rien de rude ;
Tout est bonheur
A qui sait vivre
Avec un livre,
Avec son cœur,
Loin de la foule.
Ainsi s'écoule

A peu de frais

Chaque journée,

Jamais fanée

Par des regrets.

Vie ignorée,

Toute dorée,

Où sans émoi

Je vis pour moi,

Libre de crainte

Et de contrainte,

En mon châlet,

Laissant en somme

Agir chaque homme

Comme il lui plaît.

Dans cet heureux ermitage reparut la muse qui avait inspiré sa jeunesse, muse chaste, sévère, dépouillée du faux brillant et de ce décevant mirage dont se laissent assez généralement éblouir les jeunes disciples d'Apollon. Mais reléguée au second rang, la poésie dut céder le pas à de plus graves occupations. Etre utile à ses semblables, dans toutes les conditions où il plaît à la Providence de nous placer, était pour M. de la Boulaye un principe et un devoir impérieux; ce fut aussi le but constant de ses efforts. Il avait commencé par jeter sur le papier quelques études sur les diverses révolutions qu'il avait traversées, lorsqu'un succès littéraire vint donner un autre cours à ses occupations.

L'Académie de Lyon ayant mis au concours la question : *De la mission des Académies de province;* celle de Besançon : *De l'utilité de l'observation du Dimanche,* l'ermite de Romenay voulut prendre part à cette lutte pacifique. Son premier essai fut un coup de maître. Des deux mémoires précités, l'un fut couronné à Lyon, l'autre mentionné de la manière la plus flatteuse à Besançon. Un début si heureux, dans une carrière toute nouvelle pour lui, devint un puissant encouragement. L'athlète avait appris à connaître ses forces, il ne négligea plus dès-lors l'occasion de descendre dans l'arène où l'attendaient de nouveaux triomphes. Quatre fois l'Académie de Besançon ouvrit la lice, quatre fois il y entra et en sortit vainqueur.

De nouvelles palmes lui furent décernées par les Académies de Mâcon, de Metz, de Nîmes, et voici, après celles que nous venons d'indiquer, quelles furent les questions traitées et débattues dans ces tournois littéraires : *De l'obéissance aux lois;* — *De l'influence de Paris sur les mœurs;* — *Devoirs réciproques des domestiques et des maîtres; — Du mariage; — Du partage égal dans les successions; — Causes de l'affaiblissement de l'autorité paternelle; — De la passion du bien-être matériel; — De l'institution des salles d'asile.*

Ces importantes questions, en même temps qu'elles accusent de la part des Académies qui les ont posées un sentiment réfléchi des besoins de la société actuelle, supposent chez les écrivains qui en ont poursuivi les solutions de vastes connaissances en histoire, en politique, en jurisprudeuce. Dire que M. de la Boulaye retira de tous ces divers concours des couronnes ou des mentions honorables, c'est dire et prouver en même temps quelle était l'étendue de son esprit, l'élégance et l'habileté de sa plume.

Ces travaux, objets de méditations profondes et de recherches sans nombre, laissaient à son esprit son enjouement et sa sérénité; l'âge n'amortissait ni le feu ni la fécondité de son imagination. Mêlant dans une égale mesure le plaisant au sévère, il se délassait à composer des fables, genre de poésie qui, sous le voile d'un ingénieux badinage, lui permettait de formuler en préceptes et en maximes d'utiles vérités, fruits de ses réflexions et de sa longue expérience.

Un choix de ces fables vient d'être récemment publié par les soins de son fils, héritier du nom et de la considération qui entourait un père aussi digne de mémoire. Ce n'est pas au public que s'adresse le volume qui les renferme, mais exclusivement à la famille et aux amis du noble défunt. Cette circonstance me dispense d'émettre sur le mérite littéraire de ces compositions mon opinion personnelle, persuadé que les destinataires privilégiés partageront le vif plaisir qu'elles me font éprouver, et qu'ils y trouveront un reflet de l'esprit, du langage et du caractère de l'auteur, objet de nos regrets communs. Au surplus, j'ai déjà peut-être trop perdu de vue qu'il y a des bornes assignées à toute chose, et qu'une Notice n'est ni une dissertation ni une histoire.

Bourg-en-Bresse, le 6 août 1857.

JULES BAUX.